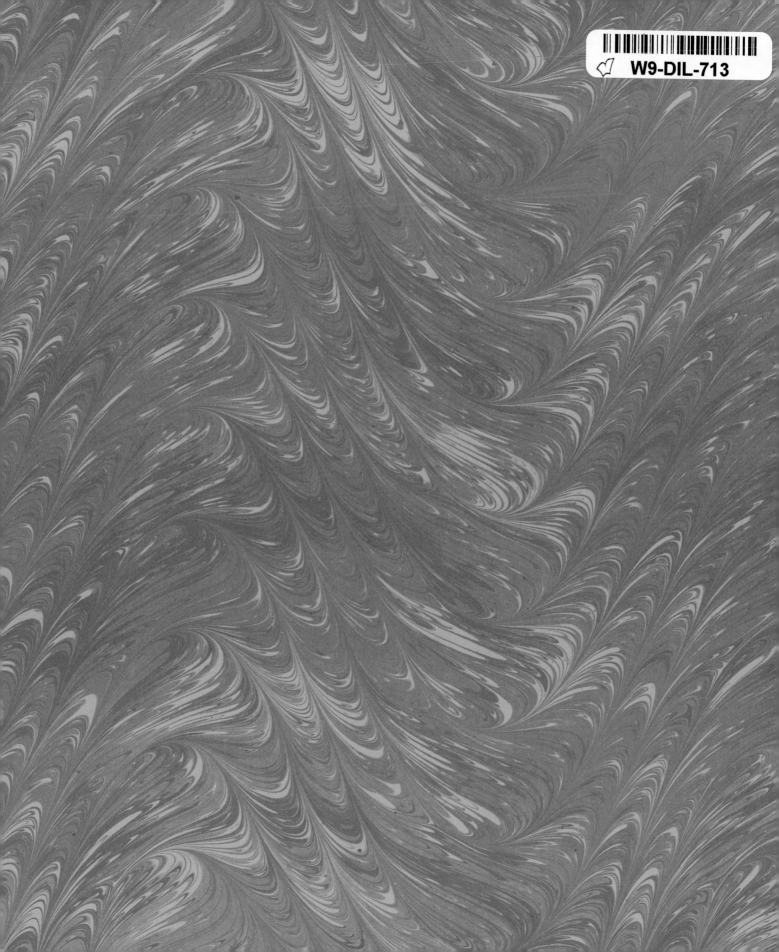

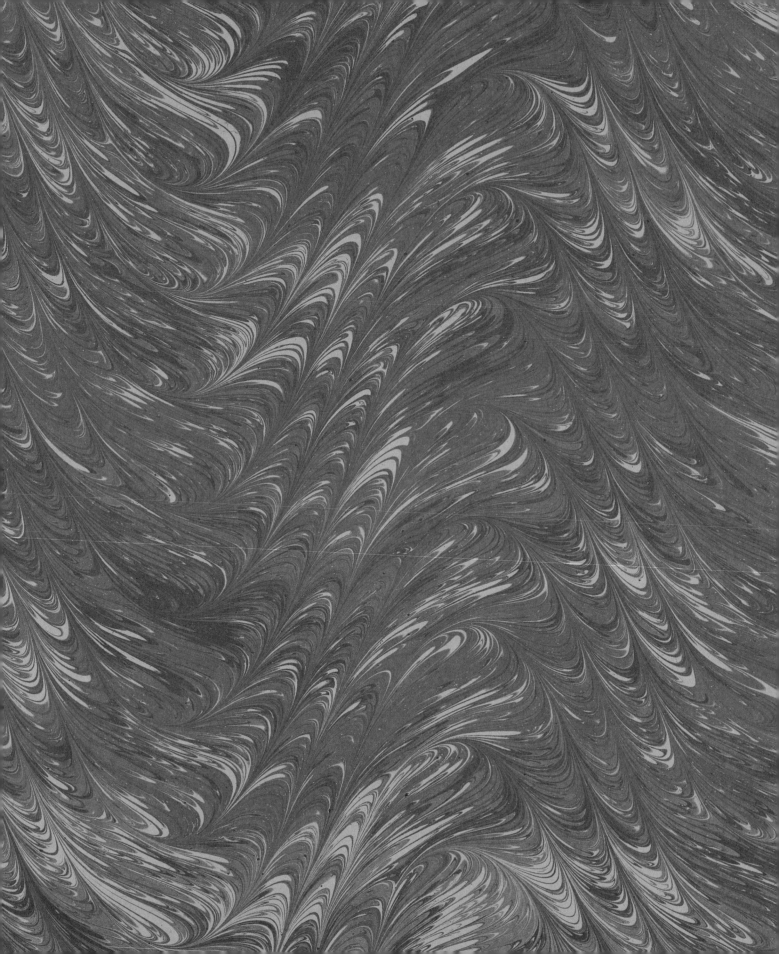

HARCOURT

· TROFEOS ·

UN PROGRAMA DE LECTURA Y ARTES DEL LENGUAJE DE HARCOURT

¡ACÉRQUENSE!

AUTORAS

Alma Flor Ada ◆ F. Isabel Campoy

Orlando   Boston   Dallas   Chicago   San Diego

Visita *The Learning Site*

www.harcourtschool.com

HARCOURT

· TROFEOS ·

UN PROGRAMA DE LECTURA Y ARTES DEL LENGUAJE DE HARCOURT

¡ACÉRQUENSE!

Querido lector:

Di a tus amigos, "**¡Acérquense!** Aquí hay unos cuentos magníficos". En este libro, aprenderás a ser un detective. También conocerás a un pajarito valiente, a un babuino y a un cerdito. Como algunos de los personajes en estos cuentos, quizás te sorprendas de lo que vas a encontrar. Así que, pasa la página y, ¡deja que la aventura comience!

Sinceramente,

Las autoras

Las autoras

Vamos de paseo

CONTENIDO

Relacionar textos

Relacionar textos

Superlibros

Libros decodificables 27-34

5

TEMA
6

Vamos
de paseo

El poder de las palabras

Palabras para recordar

nació

afuera

nada

alguien

extendió

Cuando **nació**, el pajarito no sabía **nada**. El pajarito no se animaba a estar **afuera**. Pero un día salió del nido y **extendió** las alas. "¡Muy bien!", le dijo **alguien** al verlo volar.

Autor e
ilustrador
premiado

Género

Ficción

En cuentos de ficción, a veces los animales actúan como personas.

Busca

- **partes del cuento en que los pájaros actúen como personas.**

- **partes en las que los pájaros sean como pájaros reales.**

EL
Paja
Azul

rito

por
Tomek Bogacki

11

Un día, en un nido sobre un árbol
muy alto, nació un pajarito azul.
El pajarito crecía muy rápido.

—¿Por qué no aprendes a volar
con tu hermana y tu hermano?
—le preguntó su madre—. ¿No te
gustaría conocer el mundo?

—¡Sí! —contestó el pajarito
azul—. Pero tengo miedo todavía.

Mientras los demás pájaros
probaban sus alas, el pajarito azul
se sentó en el nido a mirar.

Esa noche no podía dormir
imaginándose lo que habría
más allá de los árboles.

—Mamá, Mamá, ¿qué hay
afuera? —preguntó.

—Nada —le dijo su madre—.
Es hora de dormir.

"¿Nada?" pensó.

Esa noche no podía pensar
en otra cosa.

17

A la mañana siguiente el pajarito azul no estaba en el nido. Todos se preguntaban qué había pasado.

"Nada, nada, ¿dónde está
esa nada?", pensó el
pajarito azul al salir del
nido.

"¿Es alto o bajo?"

"¿Está aquí o allá?"

"¿Cómo es nada?"

Como no encontró a
alguien a quien hacerle esas
preguntas, siguió su camino.

Encontró una charca de agua azul. Era algo que nunca había visto antes, pero no sabía si era lo que andaba buscando.

—¿Qué buscas? —le preguntó alguien.

—Nada —respondió
sorprendido.

—¡Ah! Entonces ven
conmigo —dijo el pájaro
verde.

Y el pajarito azul se fue
con él.

De repente llegó una bandada de
pájaros de todos colores.

—¿Qué buscan? —preguntaron.

—Nada —contestó el pájaro verde.

—¡Ah! Entonces vengan con
nosotros —dijeron.

Y el pájaro verde extendió las alas
y salió volando.

El pajarito azul se olvidó que
tenía miedo de volar.
Extendió también sus alas y
voló hacia ellos.

Y volaron alto y volaron bajo.
Volaron aquí y volaron allá.

"¡Qué maravilloso es volar!",
pensó el pajarito azul.

—¿Dónde habías ido? ¿Qué has visto?
—le preguntaron su hermana y su
hermano cuando el pajarito azul
regresó a casa.

—¿Qué pasó que vuelas tan bien?
—le preguntó su madre.

—Nada —dijo el pajarito azul,
aleteando alegremente.

—¡Cuéntanos, cuéntanos! —dijeron su
hermano y su hermana.

—¡Vengan conmigo! —dijo el pajarito.

Y volaron alto y volaron bajo.
Volaron aquí y volaron allá.
Y volaron juntos . . . por todas partes.

Reflexionar y responder

1. ¿Qué buscaba el pajarito azul? ¿Qué encontró?

2. ¿De qué manera el pajarito verde ayuda al pajarito azul?

3. ¿Por qué es más fácil para el pajarito azul volar con su amigo?

4. Cuenta la primera vez que trataste de hacer algo nuevo. ¿Cómo te sentías?

5. ¿Qué aprende el pajarito azul en este cuento?

Conoce al autor e ilustrador

Tomek Bogacki

Tomek Bogacki pasó su infancia en la enorme casa de sus abuelos, junto a un río en Polonia. Le gustaba pasear en bicicleta por los prados y el pueblo cercano. También le gustaba dibujar, pintar y escribir cuentos.

Ahora se dedica a ilustrar y escribir libros infantiles. Sus libros son leídos por niños de todo el mundo, por eso siempre está escribiendo uno nuevo.

Tomek Bogacki

Visita The Learning Site
www.harcourtschool.com

32

Hacer conexiones

Si pudieras volar...

¿Qué harías si pudieras volar como un pájaro? ¿A dónde irías? ¿Qué verías desde el aire? Dibuja y escribe acerca de tus ideas. Muestra tu trabajo a la clase.

CONEXIÓN con la Escritura

Vuelo sobre el parque y veo los árboles.

Veo también a un hombre y su perro.

Nidos de pájaros

El pájaro azul nació en un nido. Busca información sobre los pájaros y sus nidos Compártelo con la clase.

CONEXIÓN con la Ciencia y la Tecnología

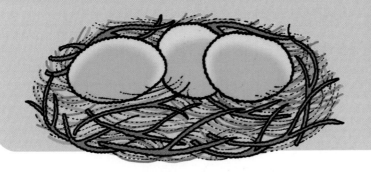

Nada = Cero

El pajarito azul no entendía el significado de la palabra **nada**. En matemáticas, la forma de expresar **nada** es **cero**.

CONEXIÓN con las Matemáticas

$$2 - 2 = 0$$

Trama

Destreza de enfoque

La **trama** de un cuento es lo más importante que pasa en un cuento. Piensa en *"El pajarito azul"*. ¿Qué es lo más importante del cuento? Elige la oración que es la **trama** del cuento.

1. **Nace un pajarito en un nido y crece muy rápido.**
2. **Un pajarito camina hasta el borde de un lago azul.**
3. **Un pajarito tiene miedo a volar, pero poco a poco aprende.**

¿Qué oración elegiste? Explica por qué es la trama del cuento.

Visita *The Learning Site*
www.harcourtschool.com

Ve *Destrezas y Actividades*

Preparación para la prueba

Trama

Lee este cuento.

Beto al bate

Era un momento decisivo en el juego. Beto iba a definir si su equipo ganaba o perdía. Beto logró batear con fuerza. ¡Su equipo iba a ganar!

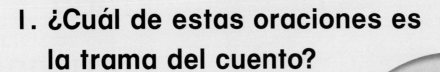

1. ¿Cuál de estas oraciones es la trama del cuento?

O Beto no quería batear.

O Beto gritó: "¡Vamos a perder!"

O Beto bateó y su equipo ganó.

Sugerencia

Piensa en las cosas más importantes que pasan. Lee cada respuesta con cuidado.

El poder de las palabras

Palabras para recordar

sorprendió

estoy

todo

arruinado

vuelta

huerto

38

–El día está **arruinado**. **Estoy**
aburrido –dijo Sapo.

–Vamos al **huerto** –dijo Sepo.
Sapo se **sorprendió** al ver **todo**
verde. ¡La primavera estaba a la
vuelta de la esquina!

Libro
notable
ALA

Género

Ficción

A veces en ficción hay un "cuento dentro de un cuento".

Busca

- partes del cuento que estén pasando en el presente del cuento o ahora.

- la historia que cuente un personaje sobre el pasado.

SAPO —Y— SEPO
TODO EL AÑO

Arnold Lobel

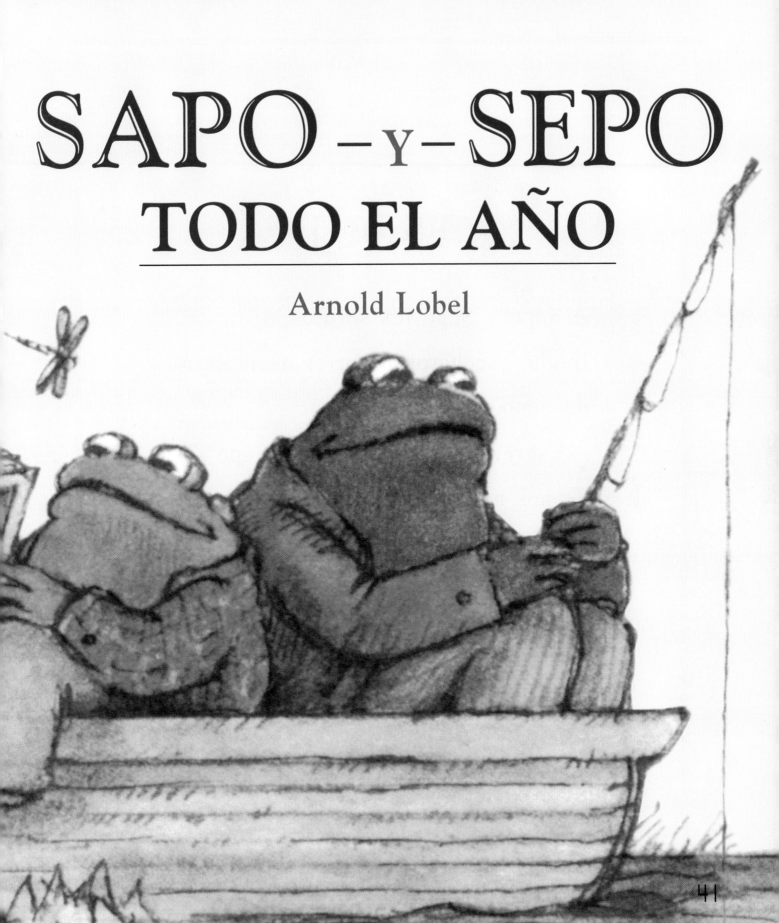

LA ESQUINA

A Sapo y Sepo los sorprendió la lluvia, y echaron a correr hacia casa de Sepo.

—Estoy todo mojado —dijo Sapo—. Se nos ha arruinado el día.

—Toma un té y un trozo de pastel —dijo Sepo—. Va a dejar de llover. Siéntate cerca de la estufa y se te secará pronto la ropa.

—Mientras esperamos, te contaré

un cuento —dijo Sepo.

—¡Sí! —dijo Sapo.

—Cuando yo era pequeño, un poco
más grande que un renacuajo
—empezó a contar Sepo—, mi papá
me dijo: "Hijo, éste es un día frío y
gris, pero la primavera está a la
vuelta de la esquina."

—Yo quería que llegara la primavera,
así que salí a buscar esa esquina.
Caminé en el bosque por un sendero
hasta que llegué a una esquina.
Di vuelta a la esquina
para ver si la primavera
estaba del otro lado.

—¿Y estaba allí? —preguntó Sapo.

—No —dijo Sepo.

—Sólo había un pino,

tres piedritas

y un poco de hierba seca.

—Seguí caminando por el prado
y pronto llegué a otra esquina.
Di la vuelta para ver si allí estaba
la primavera.
—¿Y la encontraste?
—preguntó Sapo.

—No —dijo Sepo.

—Sólo había un
viejo gusano
durmiendo encima de
un tronco.

—Caminé a la orilla del río
hasta que llegué a otra esquina.
Di la vuelta a la esquina
para buscar la primavera.
—¿Y estaba allí? —preguntó Sapo.

—No —dijo Sepo—.
Sólo había lodo
y una lagartija que se estaba
mordiendo la cola.

—Seguramente estabas muy
cansado —comentó Sapo.

—Claro que estaba cansado
—dijo Sepo—, y además
empezó a llover.

—Entonces regresé a casa.

Cuando llegué —dijo Sepo—,

encontré otra esquina.

Era la esquina de mi casa.

—¿Y allí diste la vuelta?

—preguntó Sapo.

—Sí —respondió Sepo.

—¿Y qué viste?

—preguntó Sapo.

—Vi que estaba saliendo el sol
—dijo Sepo—. Vi unos pájaros
cantando en un árbol.

Vi a mi mamá y a mi papá
que estaban trabajando en el huerto,
y vi flores en el jardín.

—¡La encontraste! —gritó Sapo.

—Sí —dijo Sepo sonriendo—. Me

puse muy contento.

Había encontrado la esquina

donde se escondía la primavera.

—Mira, Sepo —dijo Sapo—.

Tenías razón. Ha dejado de llover.

Sapo y Sepo salieron corriendo.

Y enseguida dieron la vuelta
a la esquina de la casa para
comprobar que la primavera
había regresado.

Reflexionar y responder

1 ¿Qué hace Sapo para encontrar
la primavera?

2 ¿Qué señales de primavera
encuentra Sapo?

3 ¿De qué manera el cuento de Sepo
ayuda a Sapo?

4 ¿Alguna vez un amigo te dijo algo
que te hiciera sentir mejor? Cuéntalo.

5 ¿Qué fue lo que más te gustó del
cuento? ¿Por qué?

CONOCE AL
AUTOR E ILUSTRADOR

ARNOLD LOBEL

Arnold Lobel escribía e ilustraba libros infantiles. Sapo y Sepo son dos de los muchos y maravillosos personajes que creó. La idea de escribir sobre estos personajes se le ocurrió un día mientras estaba sentado frente a su casa. Los sapos y las ranas son animales parecidos pero también muy diferentes. Así fue como nacieron los personajes que conocemos en la actualidad.

Visita *The Learning Site*
www.harcourtschool.com

Lectura
en voz alta
Género: Artículo de revista

¿Ranas en los árboles?

Mark Warner

¿Qué es lo primero que se te ocurre cuando piensas en las ranas? Que saben dar grandes saltos, ¿no?

¿Sabías que las ranas también pueden *trepar*? Algunas ranas se trepan a árboles y arbustos. Se llaman *ranas arbóreas*.

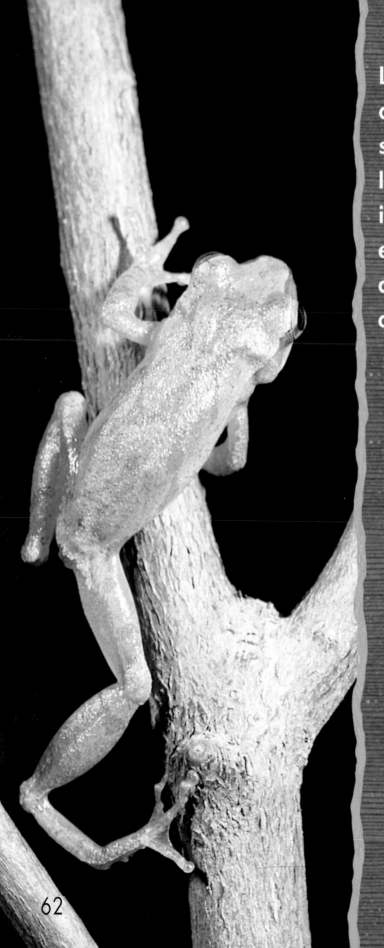

Las ranas arbóreas se trepan
a los árboles para obtener
su alimento. Sus grandes ojos
les permiten encontrar los
insectos que van a comer. Y esos
enormes ojos también las
ayudan a detectar cuando algún
animal se las quiere comer.

◀ El extremo de sus patas es
pegajoso y esto les permite
trepar con más facilidad.

La mayoría de estas ranas
son muy pequeñas. Y esto
también las ayuda a trepar.
Esta rana adulta, por ejemplo,
es del tamaño de un pulgar. ▶

Las ranas arbóreas son muy
hábiles para esconderse.
Algunas veces cambian de
color y es muy difícil verlas. ▶
Esta rana tiene el mismo
color que el árbol. ¿Puedes
distinguirla?

63

Hacer conexiones

A la vuelta de la esquina

Sepo buscó en todas partes hasta que finalmente encontró lo que buscaba. ¿Qué te gustaría encontrar a la vuelta de la esquina? Completa la siguiente oración y haz una ilustración.

Di la vuelta a la esquina. Allí encontré _____.

CONEXIÓN con la Escritura

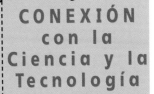

La vida de las ranas

Ya has aprendido algunas cosas sobre las ranas. Busca más datos interesantes sobre estos animales. Cuenta a la clase lo que descubras.

CONEXIÓN con la Ciencia y la Tecnología

Salta y mide

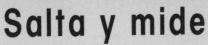

Entre varios compañeros traten de saltar como una rana. Túrnense y midan con un hilo la distancia que saltó cada uno. Luego comparen las medidas. ¿Quién saltó más lejos?

CONEXIÓN con las Matemáticas

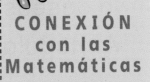

El diptongo *ie*

En este cuento has visto muchas palabras que contienen el diptongo *ie*. *Durmiendo* y *mordiendo* son algunas de ellas. Éstas son otras más:

mientras	**hierba**
viejo	**sonriendo**

Ordena las letras para formar dos de las palabras que aparecen arriba. Si lo deseas, puedes usar el Armapalabras.

arbeih	**ojevi**

Preparación para la prueba

El diptongo *ie*

asiento ○

piedritas ○

mordiendo ○

corriendo ○

salieron ○

dieron ○

Sugerencia

Lee cada palabra. Presta atención e identifica el sonido *ie* cuando leas.

El poder de las palabras

Palabras para recordar

huele

atención

durante

La mamá osa **huele** el aire con **atención durante** la comida.

Género

No ficción

Algunas piezas de no ficción usan fotografías para dar información.

Busca

- maneras en que las fotografías den información.

- datos sobre osos que sean nuevos para ti.

70

Los osos van de pesca

por Ruth Berman

fotografías por
Lynn M. Stone

Éstas son las huellas de un oso pardo.
¿Cuántos dedos tiene?

Éste es un oso pardo de Alaska.

El oso pardo de Alaska vive cerca del agua.

El oso pardo tiene ojos pequeños, orejas pequeñas y un hocico grande y largo.

Los osos pueden pararse sobre las patas traseras.

De pie, la mamá osa huele la comida y huele a sus enemigos.

La mamá osa habitualmente tiene mellizos o trillizos.

Las crías del oso se llaman oseznos.

Los oseznos viven con su mamá de uno a tres años.

Este osezno duerme una siesta cuando puede.

Estos oseznos no aguantan
estar quietos.
Necesitan acción.

Los osos comen
plantas y también
animales.

La mayoría de los animales con pelo caminan sobre los dedos de los pies.

Los osos apoyan toda la planta del pie al caminar.

Estos osos siguen una senda.

La senda continúa hasta el río. Los osos
pescan en el río.

¡Mira! Los osos se pelean porque ambos quieren pescar en el mismo lugar.

El oso más grande resulta vencedor. ¡Va a atrapar un salmón!

¿Qué crees que está haciendo este oso?

Está pescando salmones bajo el agua.

Estos osos se abalanzan sobre los salmones.

¿Sabes cuál de estos osos es una mamá?

La mamá protege a sus oseznos del oso macho.

Este pequeño oso intenta llevarse algo de comida sin llamar la atención.

Los osos pardos de Alaska también comen almejas.

Las almejas están enterradas en la arena.

Cuando llega el invierno, los osos pardos de Alaska se preparan comiendo mucho.

Comen tanto que se ponen muy gordos.

¿Por qué necesitan engordar?

La grasa conserva el calor del cuerpo y
mantiene a los osos sanos durante el invierno.

Los osos permanecen en su guarida casi todo el invierno. En esta acogedora guarida está hibernando un oso pardo.

Durante la hibernación, el sueño de los osos es muy profundo.

En primavera los osos salen puntuales de
su guarida en busca de comida.

Los osos están muy hambrientos.

Cuando llegue el próximo invierno, estarán gordos de nuevo.

¡Pescar es muy agotador! Es hora de
descansar un poco.

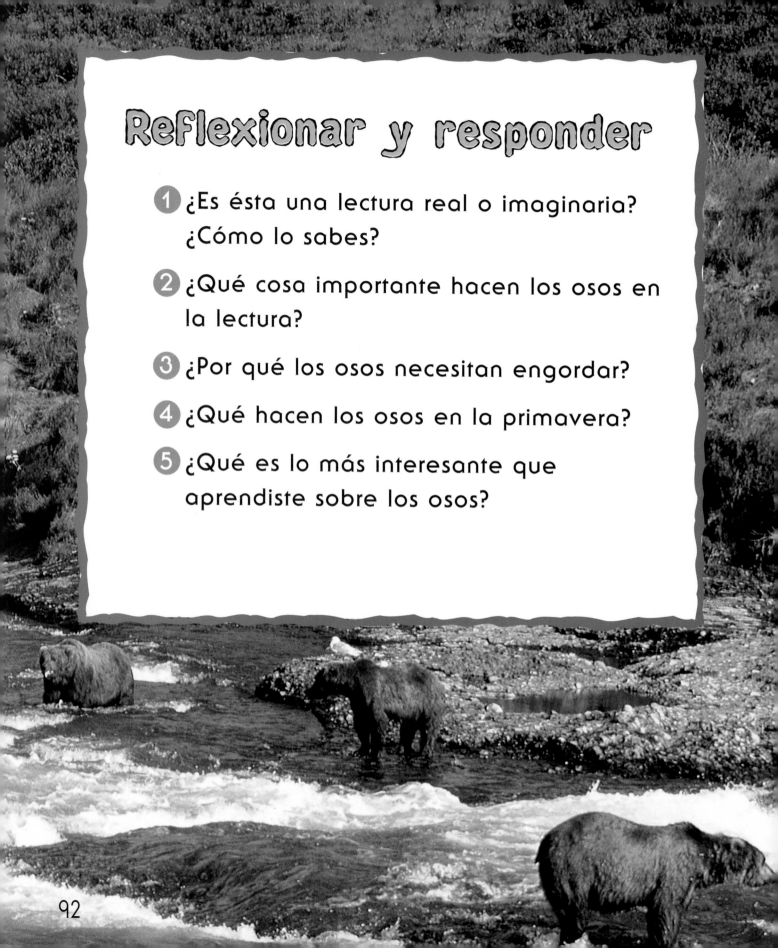

Reflexionar y responder

1. ¿Es ésta una lectura real o imaginaria? ¿Cómo lo sabes?

2. ¿Qué cosa importante hacen los osos en la lectura?

3. ¿Por qué los osos necesitan engordar?

4. ¿Qué hacen los osos en la primavera?

5. ¿Qué es lo más interesante que aprendiste sobre los osos?

Conoce a la autora
Ruth Berman

Ruth Berman vive en California con su esposo, su hija, dos perros y un gato. Le gusta escribir para niños. "Espero que mis libros enseñen a los niños a amar y respetar a los animales", dice ella.

Conoce al fotógrafo
Lynn M. Stone

Las fotos de *Los osos van de pesca* fueron tomadas por Lynn M. Stone en un refugio para animales en Alaska. Muy pocas personas pueden visitar ese lugar. "Cuando me dieron permiso para visitar el refugio, sentí que me había ganado un premio muy importante", dice.

93

Hacer conexiones

La vida en Alaska

Los osos de Alaska duermen todo el invierno. ¿Qué crees que hace la gente que vive en Alaska durante el invierno? Usa la Internet para descubrirlo. Comenta lo que aprendiste.

CONEXIÓN con Estudios sociales y Tecnología

94

¿Cuántas crías?

La mayoría de las osas de Alaska tienen mellizos o trillizos. ¿Cuántas crías tiene una osa que tiene trillizos? Haz un cuadro con las palabras **mellizos** y **trillizos**. Escribe cuántas crías son en cada caso.

CONEXIÓN con las Matemáticas

mellizos= 2

trillizos=

Notas para el oso

Elige una de las fotos del cuento. Escribe una o dos oraciones que digan algo diferente sobre esa foto. ¡Si quieres puedes escribir algo divertido!

CONEXIÓN con la Escritura

¡Despierta, osito! Es hora de pescar.

95

Idea principal

La **idea principal** de un artículo de no ficción dice de qué se trata. *Los osos van de pesca* contiene muchos datos interesantes. Lee estas oraciones. ¿Cuál es la **idea principal**?

1. Los osos tienen orejas pequeñas y una nariz grande y larga.
2. Los osos pelean para poder pescar en su lugar preferido.
3. Los osos tienen que comer mucho para dormir durante el invierno.

Visita *The Learning Site* www.harcourtschool.com

Ve Destrezas y Actividades

96

Preparación para la prueba

Idea principal

Los peces usan sus aletas para nadar. La mayoría tiene aletas en la cola. Con ellas pueden nadar más rápido. Las otras aletas sirven para girar.

¿Cuál de estas oraciones es la idea principal?

1. Los peces comen mucho.
2. Los peces usan las aletas para nadar.
3. Los peces usan las aletas para girar.

Sugerencia

Lee las oraciones con atención. ¿Cuál es la oración que describe el artículo?

97

El poder de las palabras

¡Vamos a investigar!

Palabras para recordar

sucedió

ocasiones

naturaleza

comió

hasta

aviones

En la **naturaleza** hay muchos animales. Si prestas atención, verás que las gaviotas vuelan como los **aviones**. Y en muchas **ocasiones** podrás saber qué **sucedió** y **hasta** quién **comió** ese día.

Autora
premiada

No ficción

En no ficción hay muchas maneras en que el autor puede dar información.

Busca

- maneras en que el autor te deje encontrar respuestas a preguntas.

- ideas que el autor dé para aprender de la naturaleza.

¡Vamos a investigar!

por Millicent E. Selsam
ilustrado por Marlene Hill Donnelly

−¿Qué sucedió aquí? −se pregunta el detective.

−¿Quién estuvo aquí?

−¿A dónde se fue?

Un detective puede averiguar esto de muchas maneras.

Puede buscar las marcas que ha dejado algo o alguien: las huellas de las manos, de los pies o las marcas de las ruedas de una bicicleta.

En ocasiones un detective encuentra un pelo, un botón o un pedazo de tela. Todas estas cosas son pistas que ayudan al detective a encontrar la respuesta a muchas preguntas. ¿Qué sucedió? ¿Quién estuvo aquí? ¿A dónde se fue?

Tú también puedes ser como un
detective. Puedes ser un investigador
especial que observa lo que ocurre en la
naturaleza. Los investigadores que observan
la naturaleza buscan huellas y pistas para
averiguar qué animal estuvo allí, a dónde se
fue, qué hizo y qué comió.

¿Dónde están esas pistas? Las pistas están en muchos lugares: en el jardín, el bosque o el parque. Puedes encontrar huellas en muchos sitios: en el barro, en la nieve, en la arena, en la tierra, incluso en la acera o en el suelo. Los pies mojados o embarrados dejan huellas en todas partes.

Éste es un problema para un investigador:

Aquí tenemos un gato.

Aquí tenemos un perro.

Éste es el plato del gato.

Éste es el plato del perro.

El plato del gato tenía leche. El plato del perro tenía comida. ¿Quién se tomó la leche? ¿Quién se comió la comida? Para resolver esto podemos analizar las huellas.

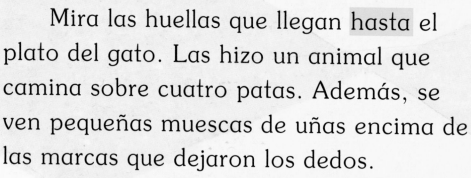

Mira las huellas que llegan hasta el plato del gato. Las hizo un animal que camina sobre cuatro patas. Además, se ven pequeñas muescas de uñas encima de las marcas que dejaron los dedos.

Un gato tiene cuatro patas y uñas afiladas. Un perro también.

¿Quién se acercó al plato del gato? Todavía no lo sabemos.

Busquemos más pistas.

¡No hay marcas de uñas!

Mira las otras huellas, las que van al plato del perro.

¿Has observado alguna vez cómo camina un gato?

Un gato camina sobre cuatro patas. Pero apoya las patas traseras exactamente en el mismo lugar que las patas delanteras. Por eso sus huellas están una detrás de la otra, formando una línea. Parecen las huellas de un animal que sólo tiene dos patas. Además, los gatos esconden las uñas cuando caminan. Por lo tanto, sus uñas no dejan marcas.

¿Ahora sabes quién se tomó la leche? (¡EL PERRO!)
¿Ahora sabes quién se comió la comida? (¡EL GATO!)

Un investigador puede encontrar muchas pistas en una playa.

Un día que camines por la playa, temprano por la mañana, observa las huellas que dejaron las gaviotas. Esas huellas nos dicen de qué lado soplaba el viento cuando las gaviotas estaban en la playa.

Igual que los aviones, las gaviotas vuelan
contra el viento. Primero corren por la
arena para alcanzar la velocidad que
necesitan para despegar. Al correr dejan
huellas profundas en la arena.

Aquí todas las huellas de gaviota forman
una línea hacia el este. Eso prueba que el
viento soplaba del este.

Las huellas son buenas pistas para los investigadores. Pero también hay otras pistas.

¿Quién vive aquí?

¿Quién comió aquí?

Un investigador aprende a observar la naturaleza, a escuchar y, ¡a oler!

Encuentra pistas en el jardín, en el bosque y en el parque.

¿Quién huele así?

Reflexionar y responder

1 ¿Qué hacen los detectives en la naturaleza?

2 ¿Qué huellas observan los niños en este cuento?

3 ¿Qué sorpresa nos da el autor acerca del perro y el gato?

4 ¿Cuál es un buen lugar para encontrar huellas en la naturaleza?

5 ¿Sobre qué animales te gustaría saber más cosas?

Conoce a la autora

Millicent E. Selsam

A Millicent Selsam siempre le gustó la ciencia y la naturaleza. "Me gusta investigarlo todo", dice ella. Antes de escribir cada libro ella lee mucho sobre el tema. ¡Millicent Selsam ha escrito más de 130 libros! Ella ha ganado muchos, muchos premios por su trabajo. Sus libros ayudan a los niños a ver el mundo que los rodea con nuevos ojos.

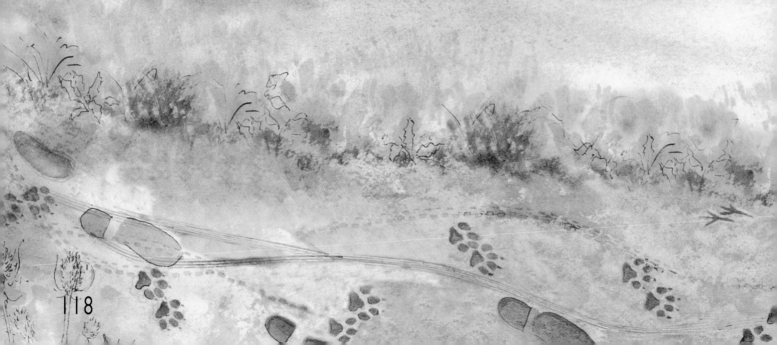

Conoce a la ilustradora
Marlene Hill Donnelly

Marlene Hill Donnelly dibuja cosas
que encuentra en la naturaleza. Su obra
ha sido exhibida en zoológicos y acuarios
de todo Estados Unidos. ¿De qué forma
sus dibujos te ayudaron a ver la
naturaleza de una nueva manera?

Hacer conexiones

Un paseo de investigación

Busca pistas de los animales que viven en el patio de la escuela o en un parque, con tu maestro. Haz una lista de lo que encuentres.

CONEXIÓN con las Ciencias

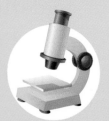

Pistas

pisadas
nido
plumas

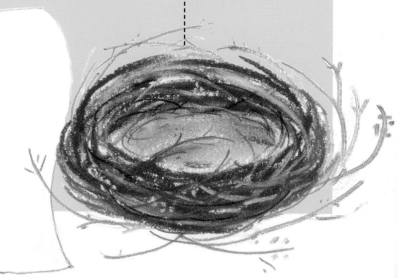

120

Grandes noticias

Escribe un artículo para el noticiero de los investigadores de la naturaleza. Habla acerca de las pistas que se encontraron en tu vecindario o en la escuela.

¡Pisadas de elefante en la escuela!

Más pisadas

Observa las huellas de varios animales. Dibuja unas huellas y escribe a qué animal pertenece cada una. Muestra tu trabajo.

CONEXIÓN con el Arte

Idea principal

Destreza de enfoque

La **idea principal** de un artículo de no ficción dice de qué se trata. Piensa en el cuento *¡Vamos a investigar!* ¿Cuál de estas oraciones es la idea principal?

1. Un detective de la naturaleza encuentra pistas en la playa.
2. Un detective de la naturaleza usa los cinco sentidos para descubrir pistas de animales.
3. Las pisadas de los gatos no dejan marcas de uñas.

Visita *The Learning Site*
www.harcourtschool.com
Ve Destrezas y Actividades

Preparación para la prueba

Idea principal

Las huellas de los zorros se parecen en algunas cosas a las huellas de los perros y los gatos. Las huellas de los zorros siguen una misma línea como las de los gatos.

¿Cuál es la idea principal?

1. Las huellas de los zorros tienen marcas de las uñas.
2. Los zorros tienen cuatro patas.
3. Las huellas de los zorros se parecen en algunas cosas a las huellas de los perros y los gatos.

Sugerencia

Lee las oraciones con atención. ¿Cuál de las oraciones expresa la idea principal?

123

El poder de las palabras

Palabras para recordar

dio

rió

ofreció

bebió

salió

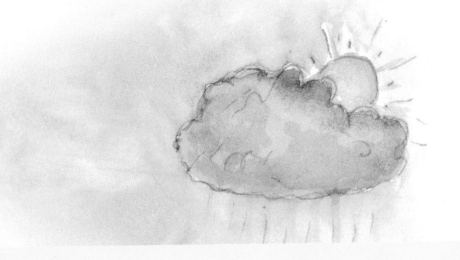

El niño **bebió** la leche y **salió** a jugar.

Su mamá le **ofreció** un paraguas, pero él no quiso y se **rió.**

El niño le **dio** la mano a su osito y se fueron a pasear.

Género

Ficción

En ficción puede
haber una mezcla de
partes reales y de
fantasía.

Busca

- partes que sean como
la vida real.

- cosas que no
pudieran pasar en la
vida real.

El

por
David
McPhail

charco

Era un día lluvioso.

Fui a preguntarle a mi mamá si podía salir a jugar con mi barco en los charcos.

—De acuerdo —dijo—. Pero ten cuidado y no te metas en ningún charco.

Me puse las botas de agua, el impermeable y salí a jugar con mi barco en el charco más grande que encontré.

Al rato pasó por allí una rana y se
sentó a mi lado.
—Tu barco es muy bonito —me dijo.

De repente dio un brinco y se alejó
navegando en mi barco.

–¡Vuelve aquí! –le grité, pero no me hizo caso.

Pasó una tortuga flotando sobre su caparazón.

–Es la hora del té –dijo–. Te invito.

–No gracias –respondí–. Tengo que recuperar mi barco. Además no debo meterme en los charcos.

En un descuido la rana chocó con la
tortuga. ¡UY!

La rana se rió burlona.

La tortuga estaba muy enojada. Su té se
había arruinado.

Entonces un caimán se ofreció a ayudarme.

–Si quieres, puedo rescatar tu barco –me dijo.

–¿Lo harías? ¡Sería estupendo! –contesté.

Sin hacer ruido, el caimán nadó
hasta mi barco para arrebatárselo
a la rana.

Pero al volver mi barco ya no
era el mismo.
–Lo siento –se disculpó.
–No te preocupes –le dije.

Entonces llegó un cerdito que
quería nadar en el charco.

Se lanzó al agua de un salto y me salpicó.
—¡Esto no le va a gustar nada a mi mamá!
—le grité al cerdito.

Después vino un elefante
muy sediento.

Bebió y bebió…

…el agua del charco hasta
que no dejó casi nada.

Los otros animales se
enojaron con el elefante.
—¡Vuelve a poner el agua
donde estaba! —le gritaron.

Y eso hizo el elefante.

El elefante se fue. Y cuando
salió el sol, los demás animales
también se fueron.

El sol terminó de secar
el charco.
Entonces decidí volver
a casa con mi barco.

Cuando llegué a casa, mi mamá me
esperaba con un baño caliente.
–¿Puedo bañarme con mi barco? –pregunté.
–Sí, por supuesto –me dijo.

Y eso fue lo que hice.

Reflexionar y responder

1 ¿Cuál es tu parte favorita del cuento? ¿Por qué?

2 ¿Qué pasa cuando el niño trata de jugar con el bote en el charco?

3 ¿Cómo hace el niño para recuperar su bote?

4 ¿Qué harías si pudieras entender lo que dicen los animales?

5 ¿De qué manera el autor mezcla fantasía y realidad en el cuento?

Conoce al autor e ilustrador

David McPhail

David McPhail creció junto al mar. Jugaba en los bosques y campos cerca de su casa. Allí comenzó su interés por los animales. A David McPhail le gusta escribir cuentos con animales.

En sus libros también le gusta contar dos historias: cuenta una con palabras y la otra con las ilustraciones. David McPhail piensa que "cada día es una aventura y cada libro, un nuevo comienzo."

David McPhail

Visita *The Learning Site*
www.harcourtschool.com

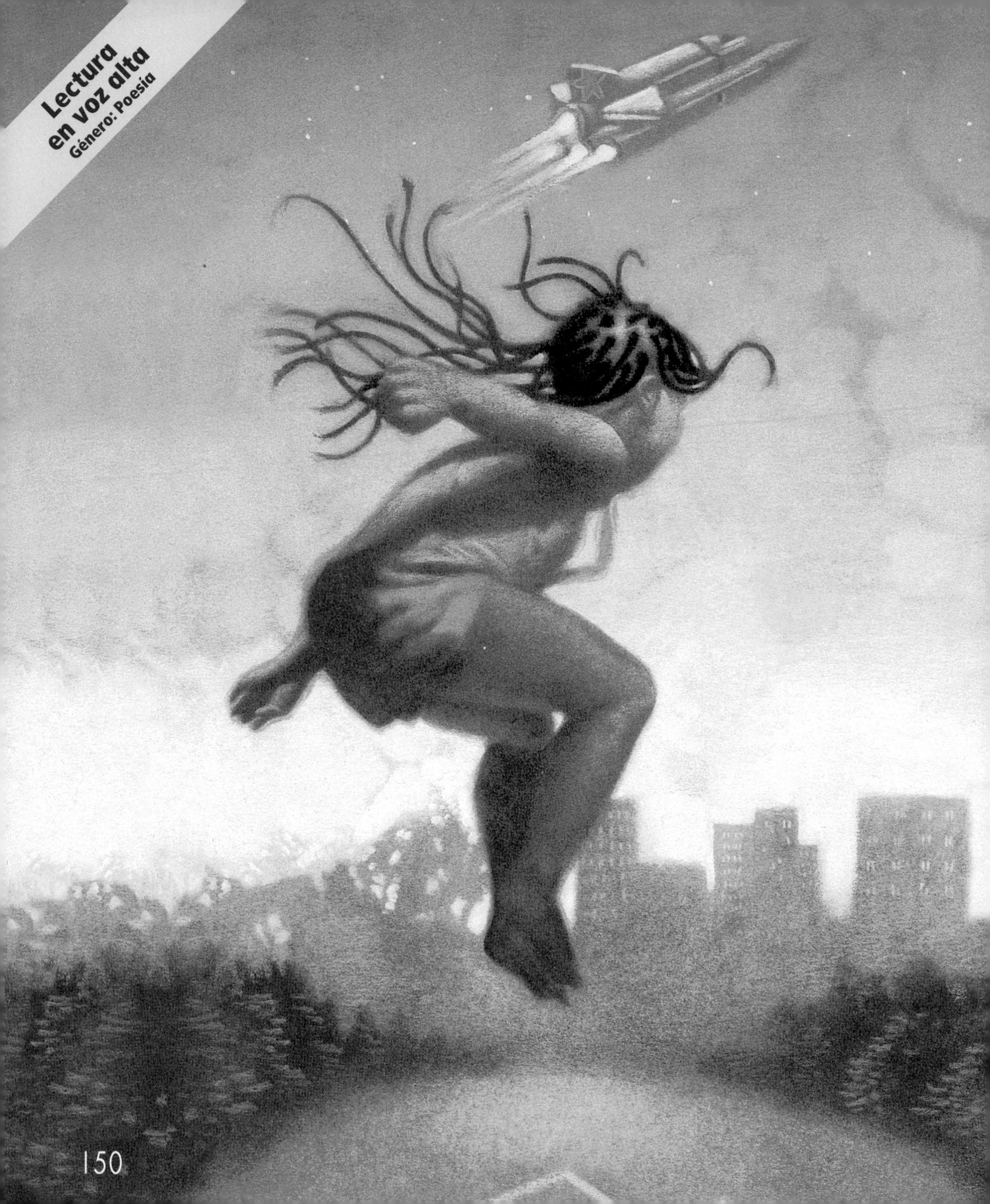

Lectura en voz alta
Género: Poesía

Voy a jugar

Mi mamá dice que salga a jugar.
¡Quisiera una bici para pasear!
O a la luna ir de gira,
en un cohete de mentira
y encontrar una nueva estrella
que de todas sea la más bella.
La llamaré como yo, sí,
        ¡Africa Lawanda Lee!
Pero ya lo haré mañana
u otro día de la semana.

por Nikki Grimes
ilustrado por Floyd Cooper

Hacer conexiones

Mi amigo cocodrilo

Para el niño, el cocodrilo era su amigo. ¿Qué más podrían hacer juntos el niño y el cocodrilo? Escríbelo.

CONEXIÓN con la Escritura

152

Adentro y afuera

En *El charco*, el niño jugaba al aire libre. Pero también es divertido jugar adentro. Haz un dibujo de tus juegos favoritos, adentro y afuera de tu casa.

CONEXIÓN con el Arte

La canción del charco

Inventen una canción sobre la lluvia. Piensen en movimientos para acompañar la canción.

CONEXIÓN con la Música

Trama

La trama de un cuento es todo lo que ocurre en ese cuento. Piensa en *El charco*. ¿Qué ocurre en ese cuento? Elige la oración que mejor describe la trama del cuento.

1. **Una rana le roba el bote a un niño.**
2. **Un niño juega con un caimán.**
3. **Un niño juega con varios animales en un charco y luego vuelve a su casa.**

¿Qué oración elegiste?
¿Por qué?

Preparación para la prueba

Trama

> Susana no encontraba su libro. Finalmente lo encontró, pero ya era tarde. Corrió hacia la parada y llegó el autobús. Por suerte el autobús también llegó tarde.

1. Elige la trama del cuento.

- ○ Susana no encuentra sus libros.
- ○ A Susana se le hizo tarde para ir a la escuela y al autobús también.
- ○ Susana corre.

Sugerencia

Piensa de qué se trata el cuento. Luego decide cuál es la oración que describe la trama del cuento.

Destreza de enfoque

155

El poder de las palabras

Palabras para recordar

vieja

desde

conmigo

aún

ningún

156

Desde hacía varios días, el cerdito quería cambiar su **vieja** cama.

—Ven, **conmigo** —dijo el cerdito—. **Aún** tenemos tiempo.

Pero no encontró **ningún** lugar donde comprar una cama nueva.

Un día con POPPLETON

escrito por Cynthia Rylant

ilustrado por Mark Teague

Género

Ficción

A veces, los personajes son graciosos.

Busca

- cosas que un personaje haga o diga que sean graciosas.

- otras partes graciosas del cuento.

159

LA CAMA NUEVA

Un día Poppleton decidió comprar
una cama nueva.
Le gustaba su vieja cama, pero
había dormido en ella desde niño.
Ahora quería una cama de adultos.

160

Poppleton entró en la primera tienda de camas que vio.

—¿Tienen una cama especial para un cerdito como yo? —le preguntó a la vendedora.

—Hum —dijo la vendedora mientras miraba a Poppleton—. Venga conmigo.

La vendedora acompañó a Poppleton
hasta la cama más grande de la tienda.

¡Era grandiosa! ¡Era colosal!

—¡Es exactamente de mi tamaño!

—exclamó Poppleton con admiración.

Poppleton quiso probar la cama.

Se acostó boca arriba.

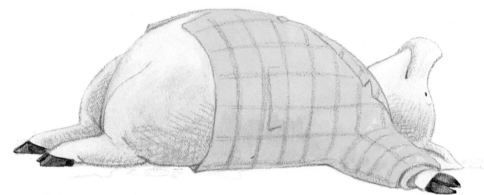

Se recostó de un lado.

Se recostó con una pata colgando de la cama.

Se acostó con las dos patas colgando de la cama.

Apoyó la cabeza en la cama, hecho un ovillo.

—¿De cuántas maneras distintas duerme?
—preguntó la vendedora curiosa.
—Unas veinte —respondió Poppleton.

—¿No tendrá un libro? —preguntó Poppleton.
La vendedora corrió a buscar un libro.

Poppleton acomodó las almohadas y leyó
unas cuantas páginas.

La vendedora miró su reloj.

—¿Quiere comprar la cama? —le
preguntó a Poppleton.

—Aún no lo sé —respondió Poppleton—.
¿No tendrá unas galletas?

La vendedora volvió con las galletas.
Poppleton comió unas cuantas y
esparció las migas por toda la cama.
—¿Quiere comprar la cama? —
preguntó la vendedora.

—Aún no lo sé —respondió Poppleton—.

¿Puedo ver televisión?

La vendedora regresó con un televisor.

Poppleton comenzó a ver un concurso.

La vendedora dio un vistazo a su reloj.

—¿Quiere comprar la cama? —preguntó.

—Aún no lo sé —respondió Poppleton—. Debo comprobar una cosa más. ¿No tendrá pájaros?

—¿Cómo dice? —preguntó la vendedora.

—Siempre me despierto con el canto de los pájaros —explicó Poppleton—. ¿No tienen ningún pájaro?

La vendedora salió a la calle y reunió
tres pájaros.
Tendido en la cama, Poppleton escuchó
cantar al trío de pájaros con los ojos
cerrados y una sonrisa de satisfacción.

—¿Y ahora quiere comprar la
cama? —preguntó la vendedora.

—¡Desde luego que sí! —respondió Poppleton.

Agarró el libro, las galletas, los pájaros y
la cama y se marchó contento a su casa.

Reflexionar y responder

1. ¿Qué hace Poppleton antes de comprar la cama?

2. ¿Probaste algo alguna vez antes de comprarlo? Cuenta lo que hiciste.

3. ¿Cómo se siente la vendedora? Nombra algunos ejemplos que confirmen tu opinión.

4. ¿Qué sabes de Poppleton después de leer el cuento?

5. ¿Qué te gustó más del cuento? ¿Qué no te gustó? ¿Por qué?

Conoce a la autora
CYNTHIA RYLANT

Cynthia Rylant creció en las montañas de West Virginia. Ella pasó mucho tiempo caminando, jugando y pensando en esa región. Ahora le gusta enviar ejemplares de sus libros a sus familiares que todavía viven allí. "Ellos se sienten tan contentos y orgullosos", dice ella. "Me gusta tener una profesión que la gente aprecie tanto."

♡ Cynthia Rylant

Conoce al ilustrador
MARK TEAGUE

Cuando Mark Teague trabajaba en una librería en la ciudad de Nueva York, siempre pensaba en los libros ilustrados que leía en su infancia. Cuando era pequeño, él escribía e ilustraba sus propios cuentos. En la actualidad, se dedica a escribir e ilustrar libros infantiles. Mark Teague ha ilustrado más de quince libros.

Mark Teague

Visita *The Learning Site*
www.harcourtschool.com

Hacer conexiones

A dormir

Haz una lista de tus preparativos antes de irte a dormir. Escribe y dibuja cada cosa en una tarjeta. Muestra tus tarjetas a la clase.

CONEXIÓN con la Escritura

182

Dónde se compra

Cuando Poppleton quiso comprar una cama nueva, fue a la tienda donde venden camas. ¿Qué otro tipo de tiendas hay en tu vecindario? Haz una lista.

CONEXIÓN con Estudios sociales

Supermercado

Tienda de deportes

Librería

La cama nueva

Recorta la silueta de una cama. Dibuja lo que necesita Poppleton en su nueva cama. Muestra tu trabajo a la clase.

CONEXIÓN con el Arte

La cama nueva

El diptongo *io*

(Fonética)

En este cuento, ya has visto varias palabras que contienen el diptongo *io*. *Curiosa* y *respondió* son algunas de esas palabras. Éstas son algunas más:

decidió   vio   grandiosa   admiración

Di las palabras en voz alta y luego escríbelas. Si lo deseas puedes usar tu Armapalabras.

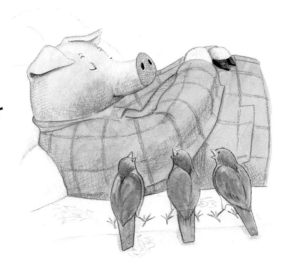

Preparación para la prueba

El diptongo *io*

corrió	volvió	comió

televisión	dio	salió

Sugerencia

Mira y lee cada palabra en voz alta. Escríbela nuevamente en una hoja de papel aparte.

El poder de las palabras

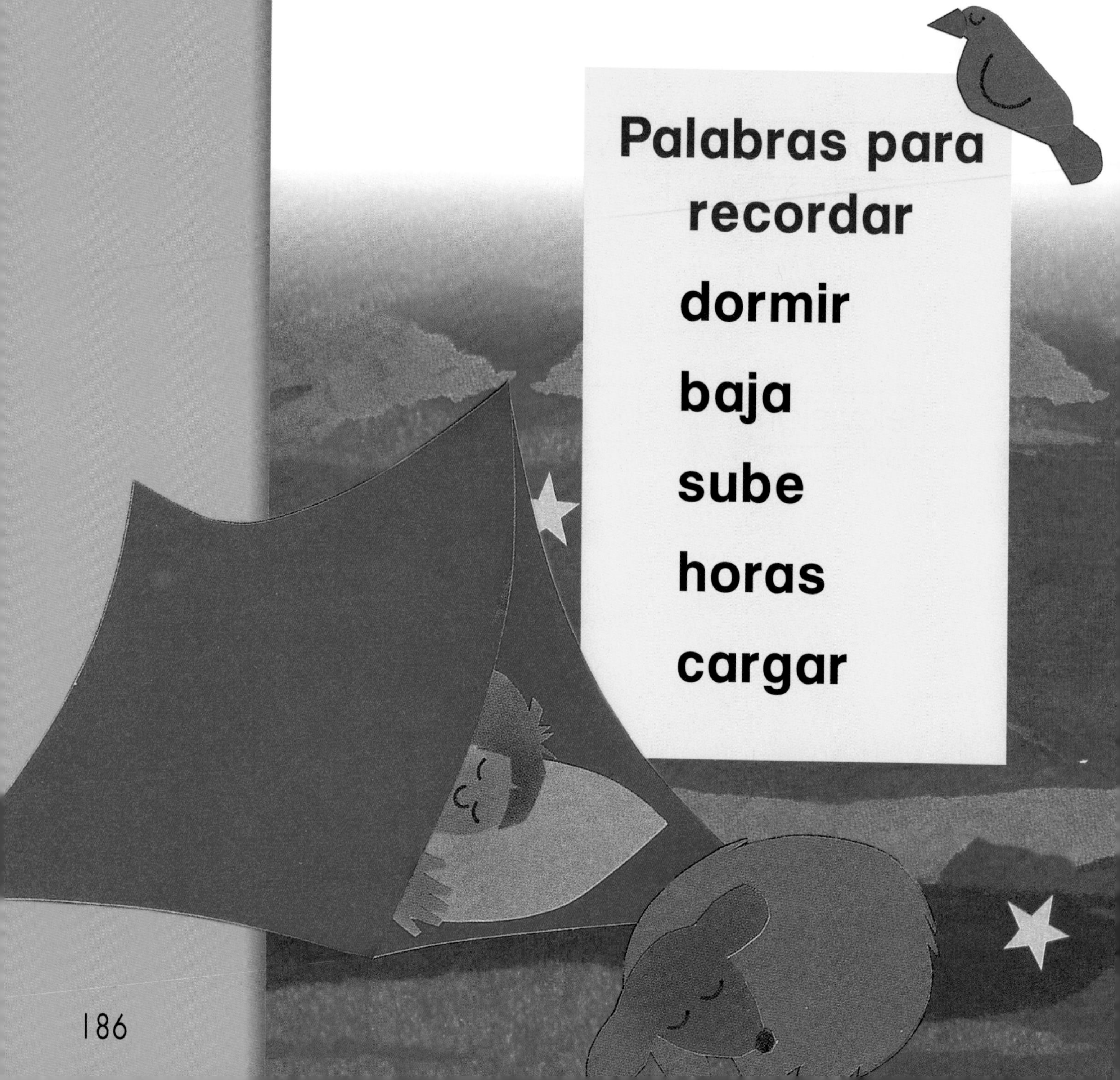

Palabras para recordar

dormir

baja

sube

horas

cargar

¡**Sube** las escaleras, **baja** las escaleras! Luego juegas y estudias varias **horas**. Al final del día necesitas **cargar** energías. Es hora de **dormir**.

Género

No ficción

En piezas de no ficción, el autor da información sobre un tema.

Busca

- información que diga por qué es importante dormir.

- detalles y datos sobre dormir.

Todos dormimos

escrito por **Paul Showers**

ilustrado por **Wendy Watson**

Cuando un caballo se va a dormir, baja los párpados y cierra los ojos.

Cuando una gallina se va a dormir, sube los párpados. Cuando una serpiente se duerme, sus ojos siguen abiertos. Las serpientes no tienen párpados.

Cuando tú te vas a dormir, ¿tus párpados suben o bajan?

Un elefante puede dormir de pie.

Las palomas se sientan cuando duermen. Los cerditos se acuestan para dormir, igual que los perros, e igual que tú. A veces los perros, como los gatos, se hacen un ovillo. Las vacas, no. ¿Y tú cómo duermes?

Las personas necesitan dormir, igual que los pájaros y los animales. Algunas personas duermen más que otras. Jaime sólo tiene seis semanas. Duerme casi todo el día. Sólo se despierta cuando quiere comer o hay que cambiarle el pañal.

Maite tiene dos años. Se acuesta
enseguida después de cenar. Duerme
toda la noche, doce horas como
mínimo. También duerme una siesta por
la tarde.

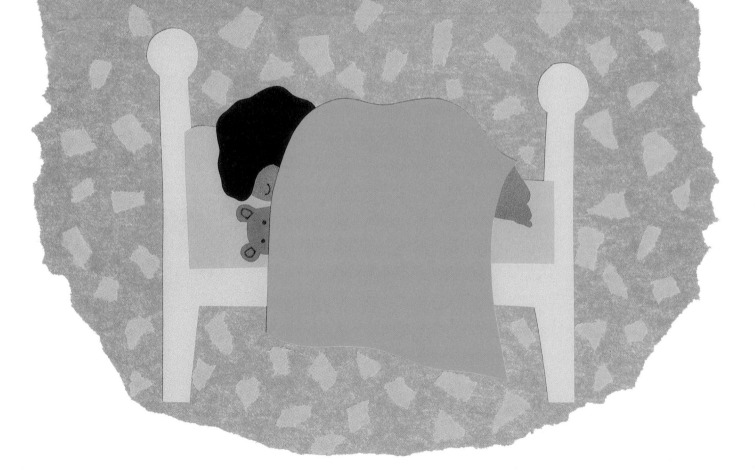

Cuando Maite no duerme la siesta, se pone muy molesta. Llora y se porta mal. Pero después de dormir toda la noche, a la mañana siguiente ya está mucho mejor.

Cuando somos pequeños, y estamos creciendo, necesitamos dormir mucho. A medida que vas creciendo cada vez necesitas menos horas de sueño. Los niños que van a la escuela deben dormir de diez a doce horas por la noche.

Para la mayoría de los adultos, unas siete u ocho horas de sueño son suficientes. Pero todos necesitan dormir: bebés, niños y adultos.

Tu cuerpo debe descansar después de estar activo todo el día. Tus brazos tienen que descansar después de cargar cosas pesadas. Cuando corres, tus piernas hacen un esfuerzo y se cansan. Necesitan reposar.

Tu cerebro también trabaja mucho. Nunca deja de funcionar. Cuando estás despierto, te ayuda a comprender lo que tienes alrededor: todo lo que ves, oyes, saboreas, hueles y tocas.

Aunque te sientes para reposar los brazos y las piernas, tu cerebro no descansa. Sigue pensando siempre que tú estés despierto.

Por la noche tu cerebro
necesita reposar. Necesita
apagar el mundo, igual
que tú apagas la luz
cuando te acuestas.
Cuando duermes, parte
de tu cerebro descansa.

A veces es difícil irse a dormir. Hay días que
quiero ver la televisión. Pero mi mamá me
manda a la cama. A veces se enoja conmigo,
pero es porque está cansada. A veces yo me
enojo, pero es porque estoy cansada.

Casi siempre me voy a
dormir cuando mis papás
me mandan a la cama. Se
está muy bien en la cama.
A veces me acurruco. Otras
me estiro y me retuerzo.
Bostezo. Cierro los ojos.
Siento que estoy flotando en
el aire.

Pienso que estoy flotando sobre el
agua... o en un globo que baila entre
las nubes. Pienso muchas cosas...
estoy montando mi bici... patinando...
un avión cruza el cielo... manzanas...
el vaivén de las olas del mar...
carreras de autos... mi mascota...

Pronto dejo de pensar. Estoy durmiendo.

Reflexionar y responder

1. ¿Crees que el título de este artículo, *Todos dormimos*, está bien elegido? ¿Por qué?

2. ¿Por qué es tan importante dormir?

3. ¿Cuándo descansa tu cerebro?

4. ¿Te gusta ir a la cama temprano o te gusta ir a dormir tarde?

5. ¿Qué pasa si no duermes lo suficiente?

210

Conoce al autor

Paul Showers

Paul Showers fue escritor y editor en varios periódicos. Luego se dedicó a escribir libros científicos para niños. Sus ideas surgen cuando juega con niños. ¡Paul Showers escribe libros de ciencia muy interesantes!

Conoce a la ilustradora

Wendy Watson

Wendy Watson creció en una familia muy grande. Ella es la mayor de ocho hermanos. Cuando era niña le gustaba mucho dibujar. Hacía libros, cartas y postales para regalarlos a familiares y amigos. Las ilustraciones de este cuento están hechas con papel recortado. A Wendy Watson también le gusta la música. Ella toca el piano y el violoncello.

Imagina

Cuando afuera hace frío, en la cama acurrucado,
¿nunca te has imaginado que estás escondido?
Las piernas encogidas, los ojos bien cerrados,
casi ni respiras, en tu cama agazapado.

Bajo la sábana, la cabeza te has tapado,
¿no imaginas estar en un lugar lejano?
Mamá cree que estás adormilado,
pero así sin equipaje
y en tu cama bien arropado,
un fantástico viaje has comenzado.

por Bobbi Katz

ilustrado por Melissa Iwai

212

Hacer conexiones

Tu sueño favorito

Todos soñamos al dormir. Dibuja o escribe acerca de un sueño divertido que hayas tenido. Si no recuerdas ningún sueño, inventa uno.

CONEXIÓN con la Escritura

Yo soñé que podía volar.

214

Camas en el mundo

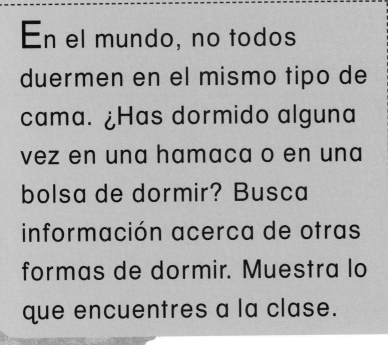

CONEXIÓN con Estudios sociales

En el mundo, no todos duermen en el mismo tipo de cama. ¿Has dormido alguna vez en una hamaca o en una bolsa de dormir? Busca información acerca de otras formas de dormir. Muestra lo que encuentres a la clase.

Canción de cuna

CONEXIÓN con la Música

Piensa en una canción de cuna. Pregunta a tus compañeros si ellos recuerdan una canción de cuna favorita. Elijan la canción preferida de la clase y cántenla.

215

Idea principal

La **idea principal** de un artículo es la idea central sobre la cual escribe el autor. Piensa en *Todos dormimos* mientras lees las siguientes oraciones.

- Las gallinas duermen con los ojos abiertos.
- Las personas y los animales necesitan dormir.
- La gente necesita dormir menos al envejecer.

¿Cuál es la **idea principal**? ¿Por qué?

216

Preparación para la prueba

Idea principal

Los animales duermen de distintas maneras. Los elefantes y los caballos duermen de pie. Algunos pájaros duermen sentados.

1. ¿Cuál es la idea principal?

- Algunos pájaros duermen mientras vuelan.
- Los perros duermen acostados, igual que las personas.
- Los animales duermen de distintas maneras.

Sugerencia

Lee el párrafo con atención. Luego lee las tres oraciones. Decide cuál de esas oraciones es la idea principal.

El poder de las palabras

Palabras para recordar

lento

fuego

rápida

luz

oscuro

Babo vio la **luz** del **fuego** en la selva.

Babo vio un elefante que caminaba muy **lento**.

Las aves volaban de manera **rápida**.

Poco a poco el cielo se hizo cada vez más **oscuro**.

Género

Ficción informativa

Algunos cuentos de ficción tienen información acerca de cosas de la vida real.

Busca

- partes del cuento que hayan sido inventadas.

- información sobre diferentes animales africanos.

Babo

Kate Banks

ilustrado por
Georg Hallensleben

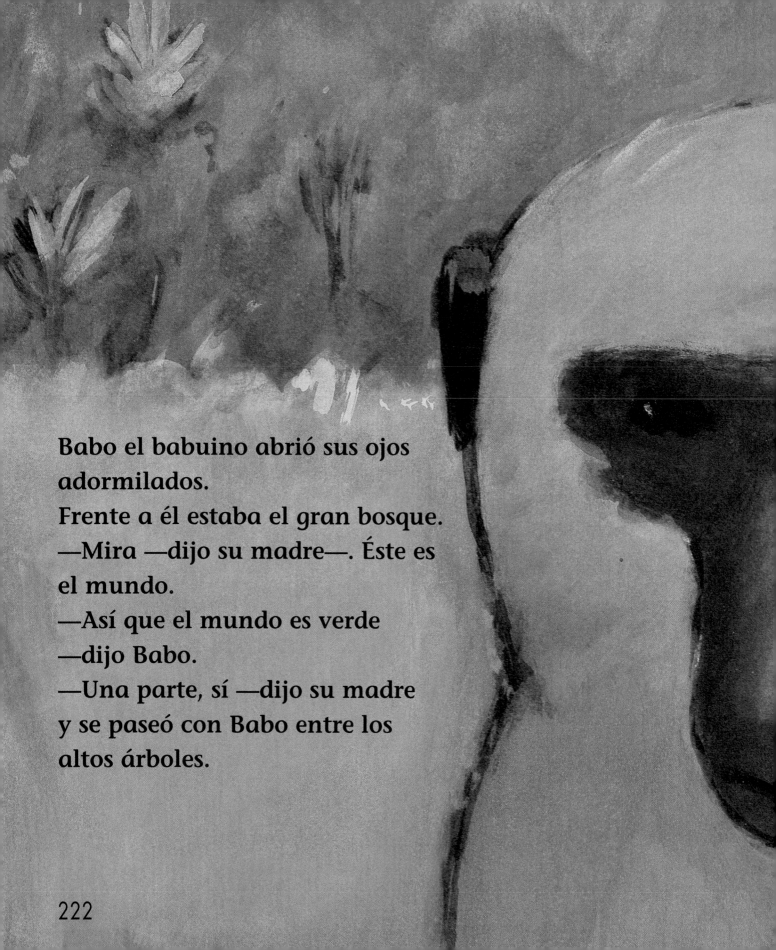

Babo el babuino abrió sus ojos
adormilados.
Frente a él estaba el gran bosque.
—Mira —dijo su madre—. Éste es
el mundo.
—Así que el mundo es verde
—dijo Babo.
—Una parte, sí —dijo su madre
y se paseó con Babo entre los
altos árboles.

Vieron una tortuga sentada
en medio del camino.
Tenía los ojos cerrados y apenas
se movía. Babo miró y esperó a que la
tortuga pasara. Esperó mucho tiempo.
—El mundo es lento —dijo Babo.
—A veces —dijo la madre.

Cuando la tortuga pasó, Babo siguió a
su madre. Al borde de la selva ardía un
gran incendio.
Babo se acercó despacio al fuego.
Enseguida sintió calor.
Babo dio un salto hacia atrás.
—El mundo es caliente —dijo.
—No siempre —dijo su madre.

Su madre llevó a Babo a un pequeño lago.

Había un cocodrilo en la orilla.

El reptil abrió su enorme boca.

—¡Cuidado! —dijo la mamá de Babo—. El cocodrilo puede comerte.

Babo no quería que se lo comiera y corrió hacia los arbustos.

—El mundo tiene hambre —dijo.

—A veces tú también tienes hambre —comentó la madre.

229

Al poco rato llegaron los elefantes, de cuatro en cuatro. Babo los oyó bramar y sintió temblar el suelo.

Luego pasó una gacela. No era tan lenta como la tortuga sino ágil y rápida.

231

Un rinoceronte salió como una flecha de entre los arbustos.

Le gruñó a Babo y Babo se asustó.

—No te voy a hacer daño —le dijo su madre.

Babo tomó la mano de su madre y empezaron a cruzar el prado.
Babo se ocultó entre la alta hierba.
Su madre también se ocultó entre la hierba. Cuando se encontraron se tumbaron juntos en el suelo.
—El mundo es suave —dijo Babo.
Y se sintió contento.

Babo se estiró y rodó por el suelo.
Pasó un pájaro volando. Pasó una nube por
encima del pájaro. Y Babo se quedó dormido.
Cuando despertó, estaba oscureciendo. Babo vio
cómo el sol desaparecía detrás de los árboles.
—Ven conmigo —dijo su madre. Y se fueron juntos.

Babo trepó a un árbol junto a su
madre. Frente a él vio a un mono.
Se parecía mucho a Babo.
—¿Él también es el mundo?
—preguntó Babo.
—Sí —dijo la madre—. Igual que tú.
"Yo soy el mundo" pensó Babo en
silencio. Y luego bajó del árbol con
su madre.

Ahora los elefantes estaban todos juntos.
Las gacelas descansaban. Estoy cansado —dijo Babo.
El fuego se había apagado y la luz del cielo
había desaparecido.
Babo se subió a la espalda de su madre.
—El mundo es oscuro —le dijo.
—A veces —suspiró su madre, llevándolo a casa.

241

Babo miró a su alrededor y parpadeó. En la
lejanía, todo se veía negro. Apoyó la cabeza
en el suave cuello de su madre y dijo:

—El mundo es grande.

—Sí —afirmó su madre dulcemente—.
El mundo es grande.

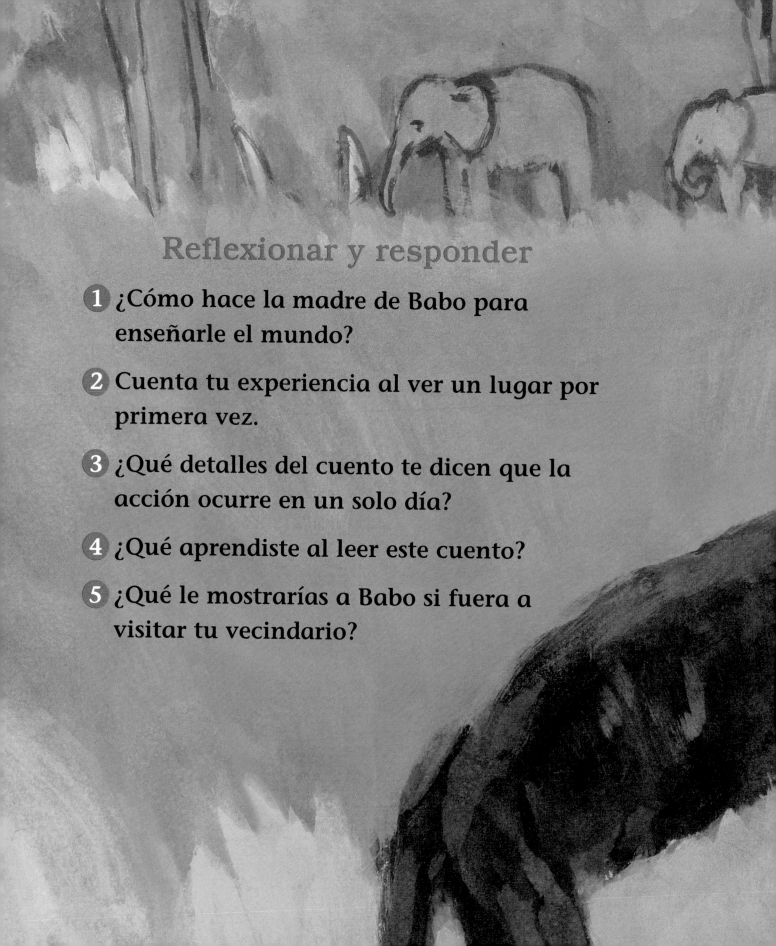

Reflexionar y responder

1. ¿Cómo hace la madre de Babo para enseñarle el mundo?

2. Cuenta tu experiencia al ver un lugar por primera vez.

3. ¿Qué detalles del cuento te dicen que la acción ocurre en un solo día?

4. ¿Qué aprendiste al leer este cuento?

5. ¿Qué le mostrarías a Babo si fuera a visitar tu vecindario?

245

Conoce a la autora
Kate Banks

Kate Banks y su hijo de cuatro meses estaban mirando la foto de un babuino llevando a su cría cuando ella empezó a pensar en el diálogo de *Babo*. A Kate Banks le gusta observar, escuchar y estar con niños. Y también le gusta escribir para ellos.

Kate Banks

Conoce al ilustrador

Georg Hallensleben

Georg Hallensleben creció en Alemania. Mientras vivía allí le gustaba ir al bosque en bicicleta y dibujar. Llevaba sus materiales de dibujo en un estuche de madera. ¡Empezó a dibujar cuando era chico y todavía lo sigue haciendo!

G. Hallsb

Visita *The Learning Site*
www.harcourtschool.com

247

¡A ca

Cuando sus cachorros se cansan, mamá osa los carga en la espalda. ¿Tus padres también te llevan a caballito?

El agua no es un lugar seguro para estos pollitos. Allí hay peces que se los pueden comer. Pero mamá y papá son los perfectos salvavidas.

pallito!

Esta rana lleva dos renacuajos en la espalda. Todos van hacia un estanque donde los renacuajos crecerán.

Los pequeños lémures se agarran con fuerza a la espalda de su mamá. Cuando los lémures saltan de árbol en árbol también llevan a sus pequeños a caballito.

Hacer conexiones

Un móvil

Babo vio una tortuga **lenta** y un antílope **rápido**. Haz un móvil que muestre cosas opuestas. Recorta círculos. Escribe palabras opuestas en cada lado. Muestra tu trabajo a la clase.

CONEXIÓN con el Arte

Oraciones móviles

Escribe pares de oraciones usando palabras de tu móvil. Haz dibujos para ellas. Muestra tu trabajo.

CONEXIÓN con la Escritura

El hielo es frío.

El té es caliente.

Animales de la selva

Babo vio un mono que se parecía mucho a él. Busca información sobre los otros animales que ve Babo. Usa una enciclopedia o la Internet. Haz un dibujo y escribe una oración sobre alguno de ellos. Muestra tu trabajo.

CONEXIÓN con las Ciencias y la Tecnología

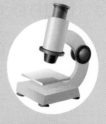

El rinoceronte tiene cuernos.

251

Trama

Ya has visto que la **trama** de un cuento es todo lo que pasa en un cuento. Piensa en el cuento *Babo*. Lee las oraciones siguientes.

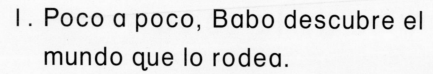

1. Poco a poco, Babo descubre el mundo que lo rodea.
2. Babo ve la selva y descubre que el mundo es verde.
3. Babo conoce a un mono que se parece a él.

¿Cuál de estas oraciones es la trama de todo el cuento? ¿Por qué?

Visita *The Learning Site*
www.harcourtschool.com
Ve Destrezas y Actividades

252

Preparación para la prueba

Trama

Los animales sintieron el calor y vieron las llamas. ¡Un incendio en el bosque! Los pájaros se alejaron. Mapache y sus amigos corrieron hasta el lago. Mapache dijo, "aquí estamos seguros".

¿Cuál de estas oraciones es la trama del cuento?

- Mapache y sus amigos corrieron hasta el lago.
- Mapache y los otros animales huyeron del incendio.
- Los animales sintieron el calor del fuego.

Sugerencia

Recuerda que la trama es todo lo que ocurre en el cuento. Antes de responder, lee el cuento y todas las oraciones con atención.

253

El proceso de escritura

1. Antes de escribir

Dibuja o escribe una lista de ideas. Selecciona una para escribir sobre ella.

2. Borrador

Escribe sobre tu idea. No te preocupes si cometes errores.

> Mi perro se llama rolo. Es marrón y blanco el hace trucos.

3. Revisar

Habla sobre tu trabajo. Mejora tu escritura.

> Mi perro se llama rolo. Es marrón y~ blancas.
> ^con
> ^manchas
>
> el hace ^trucos. ¡Yo quiero mucho a mi perro!
> ^muchos

4. Corregir

Lee tu cuento y corrige los errores.

> Mi perro se llama ~rolo~. Es marrón y~ blancas.
> ^R   ^con
> ^manchas
>
> ~e~l hace ^trucos. ¡Yo quiero mucho a mi perro!
> ^É   ^muchos

5. Publicar

Haz una copia en limpio de tu cuento. Comparte tu escritura.

> Mi perro
> por Daniel Ruiz
>
> Mi perro se llama Rolo. Es marrón con manchas blancas. Él hace muchos trucos. ¡Yo quiero mucho a mi perro!

Ejemplos de escritura

Puedes fijarte en estos ejemplos de escritura cuando necesites escribir algo especial.

Cuentos de fantasía

Juegos con animales

Un día algunos animales querían jugar. La jirafa quería jugar basquetbol. El leopardo quería correr. El mono quería jugar en la selva. Todos los animales hicieron sus juegos por turnos. Ellos estaban contentos.

Poema

La oruga
por Sherry Hart

La oruga vive entre las hojas.
Mira al cielo.
Come, crece y cambia
para ser una mariposa.

Palabras para escribir

Personas

bebé

niño

doctora

niña

cartero

hombre

policía

maestro

mujer

Verbos

dibujar

conducir

comer

saltar

jugar

leer

correr

patinar

columpiar

caminar

Palabras para escribir

Sentimientos

alborotado

feliz

hambriento

enojado

orgulloso

triste

asustado

tímido

enfermo

cansado

Comidas

manzana

pan

torta

zanahoria

huevo

panqueques

pizza

bocadito

espagueti

taco

Glosario

¿Qué es un glosario?

El glosario te puede ayudar a leer una palabra. Puedes buscar la palabra y leerla en una oración. Algunas palabras tienen ilustraciones para ayudarte a entenderla.

cargar   Antonio puede **cargar** las bolsas.

A

alguien   **Alguien** nos dijo que llovería.

almohadas   Las **almohadas** duras no son cómodas.

arruinado

arruinado   Se ha **arruinado** la camisa.

atención   ¡Presta **atención** al florero!

atención

aviones   Los **aviones** vuelan muy rápido.

B

baja   Diego **baja** las escaleras con cuidado.

263

bandada   La **bandada** de pájaros vuela sobre los árboles.

bebió   Nadie **bebió** el agua de la fuente.

cargar

caimán   El **caimán** vive junto al pantano.

cargar   Antonio puede **cargar** las bolsas.

comió   El niño **comió** su almuerzo.

conmigo

conmigo   Mi mamá y mi papá están **conmigo**.

264

desde   El conductor mira **desde** su cabina.

detective   El **detective** busca más pistas.

dormir   **Dormir** nos ayuda a descansar.

detective

esquina   En la **esquina** hay un semáforo.

estoy   **Estoy** limpiando el piso de mi casa.

estufa   La **estufa** calienta la habitación.

fuego El **fuego** nos da calor.

horas El viaje duró varias **horas**.

huele El tigre miedoso **huele** al conejito.

impermeable Los días de lluvia uso el **impermeable** rojo.

lagartija La **lagartija** vive en el campo.

lento El elefante es más **lento** que la gacela.

lluvioso Hoy es un día **lluvioso**.

luz Las plantas crecen mejor cuando reciben **luz**.

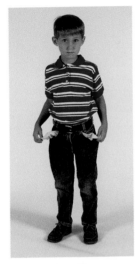

nada No tiene **nada** de dinero.

nada

naturaleza Los animales y las plantas son parte de la **naturaleza**.

ocasiones Comemos tarta sólo en **ocasiones** especiales.

ofreció   Su papá le **ofreció** la mano al cruzar la calle.

párpados   Los peces no tienen **párpados**.

reloj   El **reloj** marca las doce del mediodía.

sorprendió   Mi papá me **sorprendió** con una camisa.

sucedió   ¿Qué **sucedió**?

todo   Esto es **todo** lo que tengo.

tortuga   La **tortuga** esconde la cabeza.

vendedora   La **vendedora** me ayuda a ponerme los zapatos nuevos.

Acknowledgments

For permission to translate/reprint copyrighted material, grateful acknowledgment is made to the following sources:

The Blue Sky Press, an imprint of Scholastic Inc.: From "The New Bed" in *Poppleton Everyday* by Cynthia Rylant, illustrated by Mark Teague. Text copyright © 1998 by Cynthia Rylant; illustrations copyright © 1998 by Mark Teague.

Farrar, Straus and Giroux, LLC.: *The Story of a Blue Bird* by Tomek Bogacki. Copyright © 1998 by Tomek Bogacki. *The Puddle* by David McPhail. Copyright © 1998 by David McPhail.

Gallimard Jeunesse: Baboon by Kate Banks, illustrated by Georg Hallensleben. Text copyright © 1997 by Kate Banks; illustrations copyright © 1997 by Georg Hallensleben. Published by Farrar, Straus and Giroux, LLC. Originally published in French by Gallimard Jeunesse. Copyright © 1994 by Gallimard Jeunesse.

Nikki Grimes: "Time to Play" by Nikki Grimes. Text copyright © 1991 by Nikki Grimes.

HarperCollins Publishers: "The Corner" from *Frog and Toad All Year* by Arnold Lobel. Copyright © 1976 by Arnold Lobel. From *How to Be a Nature Detective* by Millicent E. Selsam, illustrated by Marlene Hill Donnelly. Text copyright © 1958, 1963, 1995 by Millicent Selsam; text copyright renewed © 1991 by Millicent Selsam; illustrations copyright © 1995 by Marlene Hill Donnelly. *Sleep Is for Everyone* by Paul Showers, illustrated by Wendy Watson. Text copyright © 1972 by Paul Showers; illustrations copyright © 1997 by Wendy Watson.

Bobbi Katz: "Pretending" by Bobbi Katz. Text copyright © 1973.

Lerner Publications, a Division of the Lerner Publishing Group: Fishing Bears by Ruth Berman, photographs by Lynn M. Stone. Text copyright © 1998 by Ruth Berman; photographs copyright © 1998 by Lynn M. Stone.

National Wildlife Federation: "Piggyback Ride" from *Your Big Backyard* Magazine, February 1998. Text copyright 1998 by the National Wildlife Federation.

Scholastic Inc.: Illustration by Floyd Cooper from *Pass It On: African-American Poetry for Children*, selected by Wade Hudson. Illustration copyright © 1993 by Floyd Cooper. Published by arrangement with Just Us Books, Inc.

Mark Warner: "Frogs in Trees?" by Mark Warner from *U. S. Kids*, a *Weekly Reader* Magazine, April 1989.

Photo Credits

Key: (t)=top; (b)=bottom; (c)=center; (l)=left; (r)=right
Page 33, Black Star; 26-27(all), Jane Burton; 60-63, Mark Warner; 68-83, Lynn Stone; 84(t), Lynn Stone; 84 (top inset), Visuals Unlimited; 84(b), Lynn Stone; 85, 86, Lynn Stone; 87, Rick McIntyre; 88, 89, 92-93, Lynn Stone; 149, Rick Friedman / Black Star; 180, Carlo Ontal; 181, Black Star; 211(b), courtesy, Wendy Watson; 248(t), Tony Dawson; 248(b), Don Enger / Animals Animals; 249(t), Michael Fogden / DRK Photos; 249(b), Wolfgang Kaehler.

Illustration Credits

Richard Cowdrey, Cover Art; Doug Bowles, 4-7; Tomek Bogacki, 10-33; Christine Mau, 34, 121, 214; C.D. Hullinger, 35; Liz Callen, 37, 250; Arnold Lobel, 40-59; Steve Björkman, 64, 95; Eldon Doty, 65, 67, 253; Ethan Long, 97; Marlene Hill Donnelly, 100-119; Dona Turner, 120-121; Jo Lynn Alcorn, 123; David McPhail, 126-149; Floyd Cooper, 150-151; Taia Morley, 155, 217; Mark Teague, 158-181; Stacy Peterson, 185; Wendy Watson, 188-211; Melissa Iwai, 212-213; Georg Hallensleben, 220-247; Clare Schaumann, 251.

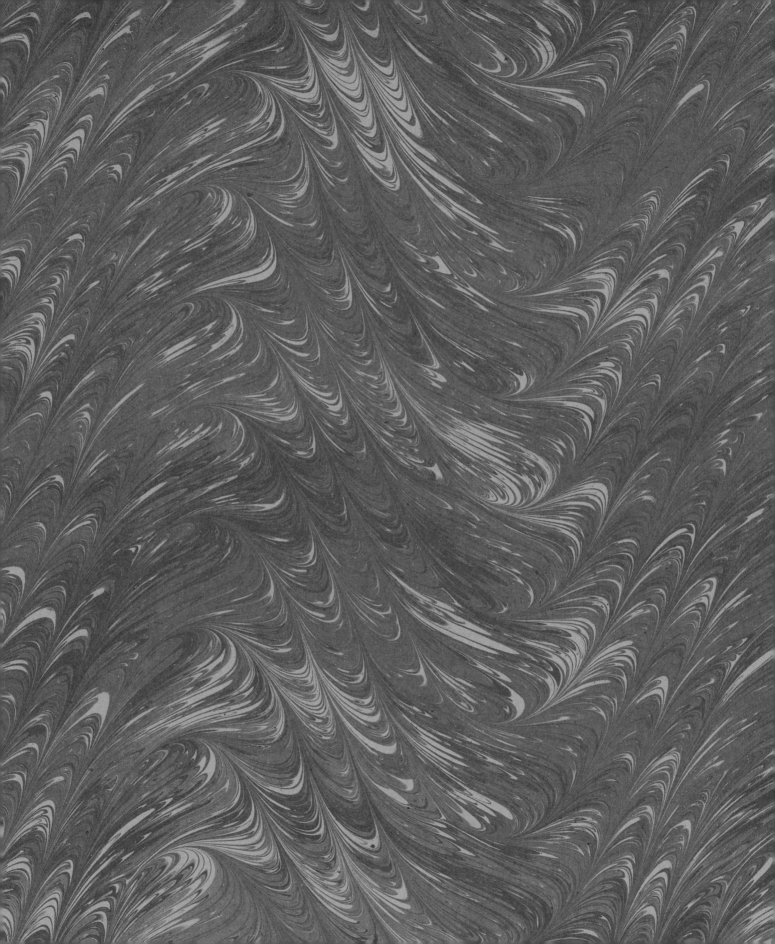

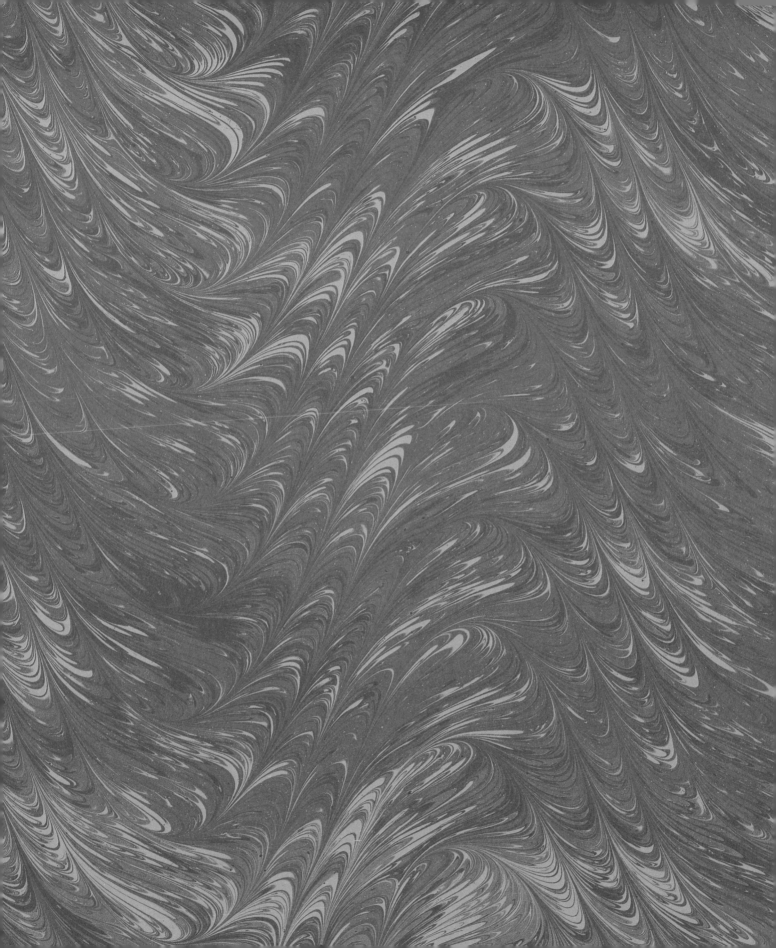